BAUANLEITUNG

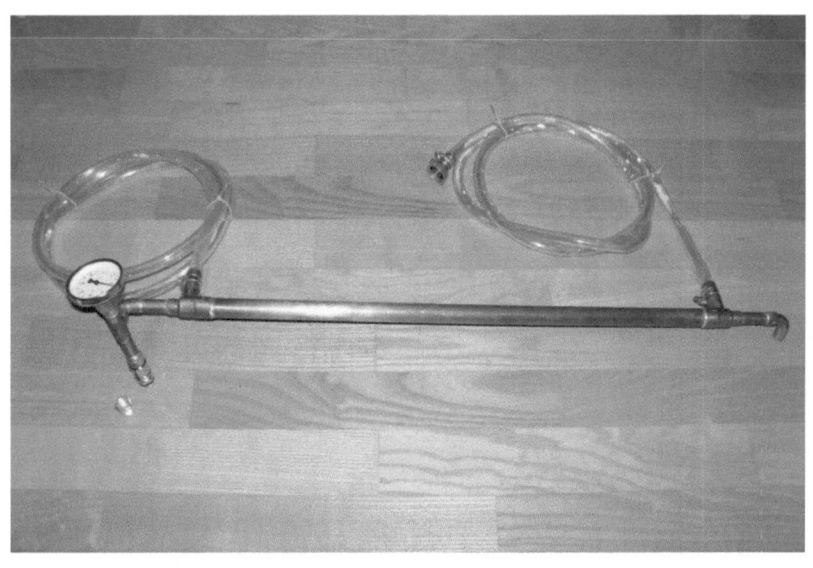

SCHNAPSBRENNER

Erste Auflage: Oktober 2020

Autor: Thomas Bauer
ISBN: 9783750495920

Herstellung und Verlag: BoD - Books on Demand, Norderstedt
Alle Rechte vorbehalten. Nachdruck oder Kopie, auch auszugsweise,
verboten.

9 783750 495920

Inhalt

WICHTIGE HINWEISE

Das Brennen von alkoholischen Getränken unterliegt den jeweiligen gesetzlichen Bestimmungen (betrifft insbesondere Versteuerungen, Meldepflichten, Zulassungen etc.), die in jedem Fall zu beachten sind!!!

Der Autor übernimmt keinerlei Verantwortung oder Haftung für jedwede materielle, gesundheitliche oder sonstige Schäden, die durch den Bau oder den Betrieb der Destille bzw. durch die Konsumation oder sonstige Verwendung der daraus gewonnenen Destillate entstehen könnten.

Die in diesem Buch beschriebene Destille wurde zu Testzwecken erfolgreich erprobt und das im Zuge dieses Testens gewonnene Destillat durch mehrere Personen verkostet, wobei von allen Verkostern eine sehr positive subjektive Beurteilung abgegeben wurde. Trotzdem kann das aus der beschriebenen Destille gewonnene Destillat natürlich nicht mit gekauften hochwertigen Qualitätsdestillaten auf eine Ebene gestellt werden. Dies gilt insbesondere auch für die bei der Destillation entstehenden Fruchtaromen.

SCHNAPSBRENNER, DESTILLE: BAUANLEITUNG

Diese Bauanleitung zeigt die von jedermann leicht durchführbare Herstellung eines Destillationsapparates mit Bauteilen, die in jedem Baumarkt günstig erhältlich sind.

Zum Betrieb dieser Destille sind lediglich ein beliebiger "Kessel" (z.B. ein evtl. ausgedienter Kelomat - keine Angst, es kommt kein Druck zustande), ein Küchenherd, ein Wasseranschluss (normaler Wasserhahn) sowie ein Abfluss (Spüle) erforderlich. Ich habe als Kessel einen Kelomat und den Anschluss zu diesem so gewählt, dass ich den Kelomat auch weiterhin zum Kochen verwenden kann. Die Anschlussweise des Brenners an einen beliebigen Kessel ist jedoch individuell unterschiedlich zu lösen. Der Kessel ist daher nicht Teil der Bauanleitung! Eine Lösungsmöglichkeit für den Anschluss der Destille an einen Kessel biete ich Ihnen in der Bauanleitung jedoch an.

Zur Herstellung benötigen Sie als Werkzeug lediglich einen Gaskartuschenbrenner, evtl. einen kleinen Rohrschneider (kostet ein paar Euro), eine Kombizange, eine kleine Rundfeile, einen kleinen Schraubstock, Arbeitshandschuhe aus Leder sowie <u>bleifreies</u> Lötzinn und Lötfett. Ich selbst habe dieses Gerät in der Küche unserer Wohnung hergestellt. Auch als im Löten Ungeübter werden Sie nicht länger als etwa anderthalb Stunden für die Herstellung des Brenners benötigen.

Die Destille ist sehr robust und hat in 15 bis 20 Minuten eine Brennleistung bis etwa 0,5 Liter Schnaps (nach Verdünnung auf 35-40% Alkoholgehalt) aus einer Quelle von 1,5 Liter Ausgangsmaterial mit ca. 12-14 % Alkoholgehalt.

Wenn Sie langsam brennen, wird der Schnaps auch bei noch nicht geklärten Flüssigkeiten klar und farblos.
Beim Brennen aus einem kleinen Kessel (wie z.B. alter Kelomat) entwickelt sich in der Umgebung außerdem kaum ein Geruch - für mich ein Zeichen dafür, dass das Aroma im Destillat verbleibt.

Sie können natürlich auch Wasser (z.B. fürs Bügeleisen) destillieren.

Die Beschreibung gibt auch Tipps zum Brennen.

Ich wünsche Ihnen viel Spaß beim Zusammenbau und dem Betrieb der Destille!

STÜCKLISTE

Nr.	Bezeichnung	Dimension/Art	An-zahl	Verwendung
1	Kupfer-Rohr	Ø 15 x 750 mm	1	Innenrohr (Dampf-kondensation)
2	Kupfer-Rohr	Ø 22 x 600 mm	1	Außenmantel
3	Kupfer-Rohr	Ø 15 x 40 mm	2	Aufsteckrohrstücke für Wasserschlauch
4	Kupfer-Rohr	Ø 15 x 50 mm	1	Verbindungsrohr-stück zu Übergangs-nippel 15 x 3/8 Zoll (am Kesselaus-gangsrohr)
5	Kupfer-Rohr	Ø 15 x 25 mm	1	Verbindungsrohr-stück zu Über-gangsmuffe 15 x 1/2 Zoll (am Kesselaus-gangsrohr)
6	T-Stück (Kupfer)	22 x 15 x 15 mm	2	Anschluss für Was-serzu- und -ablauf
7	T-Stück (Kupfer)	Ø 15 x 15 x 15 mm	1	Übergang zwischen dem senkrechten Kesselausgang und dem Destillationsteil
8	Winkel (Kupfer)	90° 1 Muffe 15 mm	1	Winkel zur Winkel-justierung (Gefälle) zwischen dem senk-rechten Kesselaus-gang und dem Des-tillationsteil
9	Bogen (Kupfer)	90° 1 Muffe 15 mm[1]	1	Bogen als Endstück beim Ablauf
10	Übergangsmuffe (Rotguss / Messing)	15 x1/2 Zoll	1	Übergangsmuffe zum Thermometer

11 **a** **-** **e**	"Reduktionssystem" auf 13 mm Bohrung im Kesseldeckel	bestehend aus >>>>>>>>		**11a** - Muffe mit Innengewinde 3/8 Zoll **11b** - Reduktion KT 3/8" x 1/4" (mit 2 verschiedenen Außengewinden) **11c** - Reduktion mit Innen- und Außengewinde T 3/8" x 1/4" (oder Muffe mit Innengewinde 1/4 Zoll) **11d** - Dichtungsring Ü-Mutter 3/8" 8 x 15 **11e** - Dichtungsring Gu-Di 1/2" 18 x 12 x 2
12	Übergangsnippel (Rotguss / Messing)	15 x 3/8 Zoll	1	Übergang zum "Reduktionssystem"
13	Bimetall- thermometer	0-120°C mit 1/2 Zoll-Gewinde	1	Messen der Temperatur
14	Installateurlötzinn	blei- und schwermetallfrei !!!	1 kleine Rolle	Verlöten der Einzelteile
15	Weichlötflussmittel, Rückstände 100 % wasserlöslich	z.B. S-39Cu+ für Trinkwasserinstallationen	1 Tube	Flussmittel
16	Lötbrenner	Kartuschenbrenner	1	Verlöten der Einzelteile
17	Zange	Kombizange	1	zum Festhalten von heißen Teilen
18	Rund- oder Halbrundfeile	nicht zu groß, es muss im Inneren der beiden T-Stücke Nr. 6 gefeilt werden		zum Gratausfeilen in den T-Stücken
19	Schraubstock	kleiner Schraubstock	1	zum Fixieren der Werkstücke
20	Reinigungsvlies	siehe Abbildung	1	Reinigen der zu lötenden Stellen

21	Schlauch	geeignet für Trinkwasser 12/2 - 12x16 mm (Innen-Ø: 12 mm) glasklar, Länge abhängig[1]	2	Zu- und Ablauf des Kühlwassers
22	Schlauchklemmen	3/8 Zoll (P8-16)	3	zum Fixieren der Schlauchenden an die Schlauchanschlüsse der Destille sowie der Schlauchverbindung
23	Schlauchverbindung (Schlauchverschraubung)	z.B. Gardena 7140 mit Ø 13 mm (Schlauchseite) und Gewinde G 3/4 Zoll (passt auf Wasserhahn für Waschmaschinenanschluss), siehe Fußnote[2]	1	Verbindung Schlauch zu Wasseranschluss
24	eventuell einen Rohrschneider	einen billigen	1	zum Rohre zuschneiden - oder einfach kostenlos vom Baumarkt zuschneiden lassen

---

[1] Die Schlauchlänge für den Wasserzulauf hängt von der Entfernung der Kochstelle zu Ihrem Wasseranschluss ab, die Schlauchlänge für den Wasserablauf hängt von der Entfernung der Kochstelle zu Ihrem Wasserabfluss (z.B. Spüle) ab.
[2] Das Verbindungsstück zwischen dem Schlauch und Ihrem Wasseranschluss muss mit seiner einen Seite fest im Schlauch sitzen und auf der anderen Seite ein Gewinde haben, das auf Ihren Wasseranschluss passt (z.B. Geschirrspüler, Waschmaschinenanschluss bzw. Wasserhahnadapter)

BEBILDERUNG DER EINZELTEILE UND WERKZEUGE

Nr. 1 bis 5 - Kupfer-Rohre (halbhart)

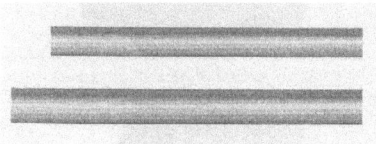

Falsch! Nicht Rohr in Ringen nehmen!

Nr. 6 - 2 T-Stücke 22x15x15 mm

Nr. 7 - T-Stück 15x15x15 mm

Nr. 8 - Winkel 90° 1 Muffe 15 mm

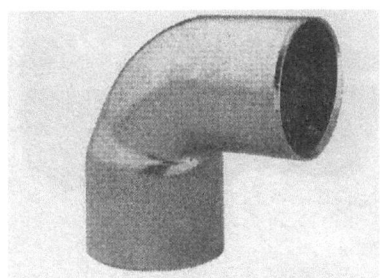

Nr. 9 - Bogen 90° 1 Muffe 15 mm

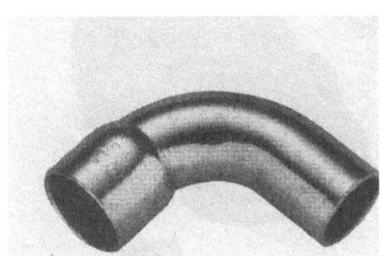

Nr. 10 - Übergangsmuffe
15 x 1/2 Zoll

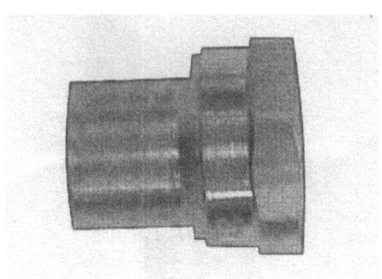

Nr. 11a-d - "Reduktionssystem"

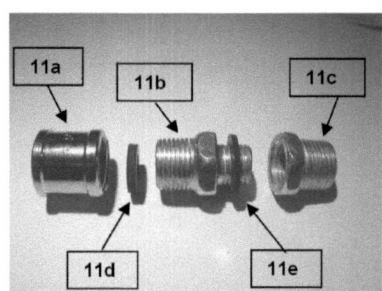

Nr. 12 - Übergangsnippel
15 x 3/8 Zoll

Nr. 13a - Bimetallthermometer

Nr. 13b - Bimetallthermometer
auseinandergezogen

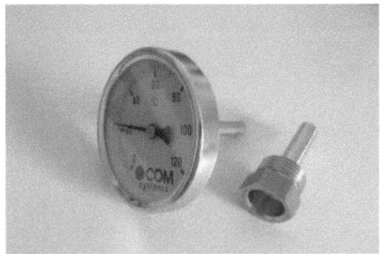

Nr. 14 - Installateurlötzinn – bleifrei !!!

Nr. 15 - Weichlötflussmittel

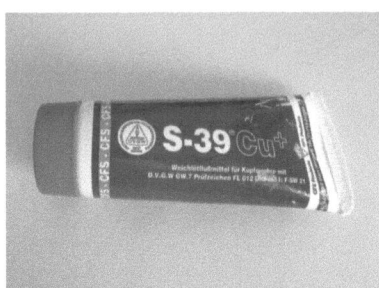

Nr. 16 - Lötbrenner

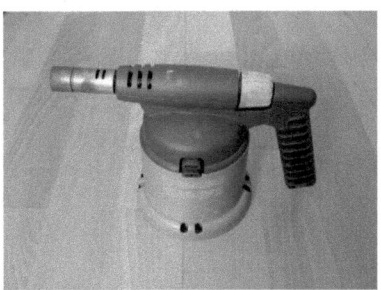

Nr. 17 - Kombizange

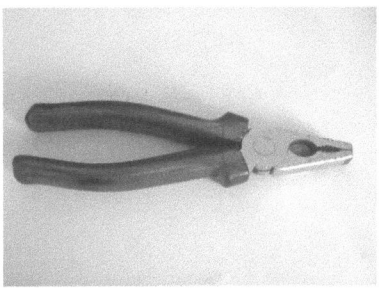

Nr. 18 - Rund- oder Halbrundfeile

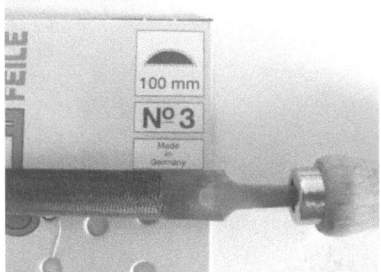

Nr. 19 - Schraubstock mit Werkstück

Nr. 20 - Reinigungsvlies

Nr. 21 - Schlauch mit Schlauchverbindung

Nr. 22 + 23 - Schlauchklemme (links)
und Schlauchverbindung (rechts)

Nr. 24 - Rohrschneider

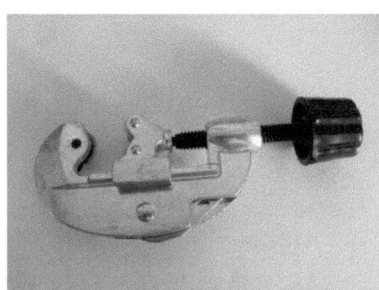

BAUANLEITUNG

ALLGEMEINES

Studium der Bauanleitung

Bevor Sie mit dem Kauf der Bauteile und vor allem mit dem Zusammenbau beginnen, lesen Sie sich diese Bauanleitung **sorgfältig** und **in Ruhe** durch. Machen Sie sich mit jedem Arbeitsschritt geistig vertraut. Wenn Sie sich, und das ist nicht schwer, ein klares Bild über den Zusammenbau und damit die Zusammenstellung der Einzelteile zum Ganzen machen, haben Sie den Plan auch im Kopf. Das ist die beste Voraussetzung dafür, dass im Grunde nichts mehr schief gehen kann. Ich habe versucht, die Bauanleitung so leicht verständlich wie möglich zu erstellen und bin überzeugt, dass Sie keinerlei Schwierigkeiten beim Verstehen und Zusammenbauen haben werden, auch wenn Sie im Löten keine Erfahrung besitzen.

Löten

Vor dem Zusammenstecken und Löten der einzelnen Teile müssen die Verbindungsstellen

1. mit dem Reinigungsvlies **Nr. 20** gereinigt werden, damit sich das Lot gut mit dem gesäuberten Kupfer verbindet und die Lötstellen dicht werden **und**

2. mit dem Lötfett eingefettet werden.

Die einzelnen Teile werden dann bis zum Anschlag zusammengesteckt (mit Ausnahme des Innenrohres, welches durch die beiden T-Stücke Nr. 6 hindurch gesteckt wird - aber darauf wird später eingegangen) und die Verbindungsstellen mit dem Lötbrenner bei großer Flamme erhitzt. Meiner Erfahrung nach hat die Verbindungsstelle dann die richtige Temperatur, wenn sich in der Flamme Grünfärbungen zeigen. Erst jetzt wird das Zinn von oben zum Schlitz der Verbindungsstelle geführt. Das Zinn zerfließt dabei sofort und zieht von selbst in den Schlitz ein. Es wird solange Zinn nachgeführt bis der Schlitz rundherum mit Zinn verschlossen ist und sich unten an der tiefsten Stelle das überflüssige Zinn, das nun nicht mehr in den Schlitz einzieht, in Form eines Tropfens sammelt. Dieser Tropfen bleibt noch eine Weile flüssig und kann mit einem feuchten Lappen entfernt werden.

Vorsicht! Sehr heiß!

EINSPANNEN IN DEN SCHRAUBSTOCK

Das Einspannen in den Schraubstock darf nicht zu fest erfolgen, um die Rohre nicht zusammenzudrücken. Besonders das Außenrohr darf nirgends am Innenrohr anstehen, damit der Kühlfluss des Wassers rund um das Innenrohr an jeder Stelle gewährleistet wird.

ENTNEHMEN AUS DEM SCHRAUBSTOCK

Werden Werkstücke aus dem Schraubstock entnommen, so ist darauf zu achten, dass diese entsprechend **abgekühlt** sind. Ist das Werkstück im Schraubstock bereits entsprechend abgekühlt, so kann es frühestens jetzt mit einem Topflappen aus dem Schraubstock entnommen und zum gänzlichen Auskühlen auf eine feuerfeste Unterlage gelegt werden. <u>Vorsicht, das Stück ist immer noch sehr heiß!!</u> Durch Darüberhalten eines Handrückens im Abstand von einigen Zentimetern kann die kühlste Stelle des Werkstückes ermittelt und dieses dort mit dem Topflappen erfasst werden.

Wichtig ist es, <u>Arbeitshandschuhe aus Leder</u> zu tragen, auch wenn man mit Ihnen nicht ganz so geschickt hantieren kann als mit den bloßen Händen.

Anmerkung zu den Abbildungen

In den Abbildungen des Kapitels **ZUSAMMENBAU** ist kein Zinn an den Lötstellen zu sehen, da die Werkstücke für die Fotos nur zusammengesteckt, aber nicht gelötet wurden.

ZUSAMMENBAU

Sie nehmen die beiden T-Stücke **Nr. 6** (22 x 15 x 15 mm) sowie das Kupferrohr **Nr. 2** (22 x 600 mm) und <u>reinigen</u> diese an den Verbindungsstellen sowie <u>fetten</u> diese gut mit dem Lötfett an den Verbindungsstellen ein. Dann stecken Sie links und rechts des Rohres je ein T-Stück Nr. 6 auf (siehe Abbildung 1a).

Abbildung 1a

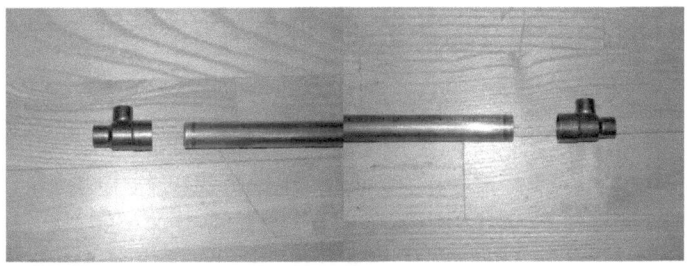

links   rechts

Abbildung 1b

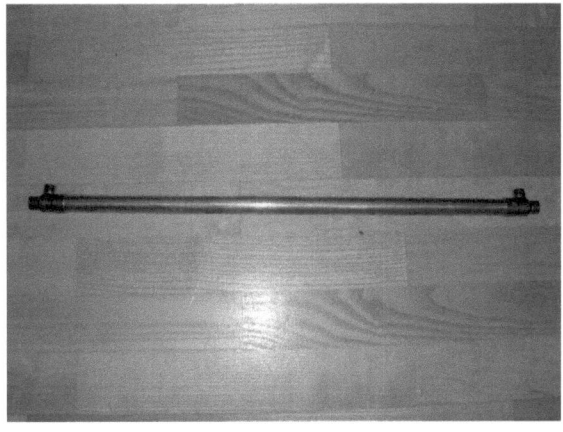

Spannen Sie das so vorbereitete Werkstück in den Schraubstock, erhitzen dieses und löten Sie zunächst das eine der beiden T-Stücke in der oben beschriebenen Weise an das Rohr an. Dann auf der anderen Seite des Rohres ebenso verfahren. Achten Sie darauf, dass die senkrecht abstehenden Austrittsöffnungen der T-Stücke in die gleiche Richtung (in der Abbildung 1b z.B. nach vorne) zeigen. Nach Anlöten des ersten T-Stückes das zweite T-Stück also entsprechend vor dem Verlöten ausrichten.

Die Ausgänge der T-Stücke besitzen innen einen Grat oder eine Verengung (eine sog. Schulter). Sie bildet einen Anschlag, bis zu welchem ein Kupferrohr von außen eingeschoben werden kann. In unserem Fall muss das Kupferrohr **Nr. 1** jedoch durch das T-Stück vollends hindurch. Aus diesem Grund muss diese Verengung mit einer Feile ausgefeilt werden.

Achtung! Werkstück **vorher abkühlen lassen**!

Sie können das Werkstück im Sitzen zwischen die Beine stellen und von oben feilen. Dann können Sie immer wieder einen Blick hinein werfen. Am besten zügig und gleichmäßig innen rundherum feilen.

Dies kann etwas Geduld erfordern. Feilen und probieren, bis das Rohr durchpasst. Zur Veranschaulichung siehe Abbildung 2.

| Schulterbereich | **Abbildung 2** | den Grat innen rund-
herum ausfeilen |

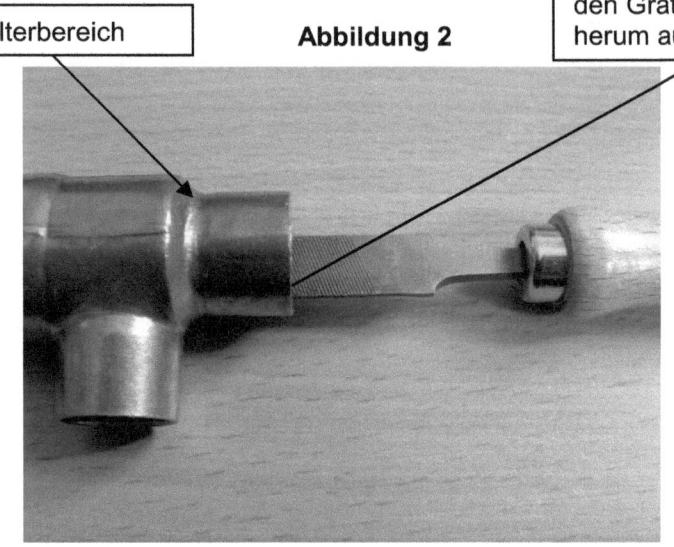

Ist die Verengung an beiden T-Stücken im Inneren also ausgefeilt, so kann das Kupferrohr **Nr. 1** (15 x 750 mm) am besten von oben nach unten durch beide T-Stücke hindurchgeschoben werden. <u>Zuvor jedoch müssen beide T-Stücke innen gereinigt und gut gefettet werden!</u> Unmittelbar bevor das Innenrohr am unteren T-Stück durchstößt, wird es oberhalb des oberen T-Stückes gut eingefettet, da durch das Durchschieben nahezu des ganzen Innenrohres durch das obere T-Stück, das Fett aus diesem wieder ziemlich ganz herausgeschoben wurde.

Jetzt erst ganz durchstoßen, und zwar so weit, dass es rechts und links etwa gleich lang[*)] aus den T-Stücken herausragt (siehe Abbildung 3).

Abbildung 3

*) ragt rechts und links etwa gleich lang heraus

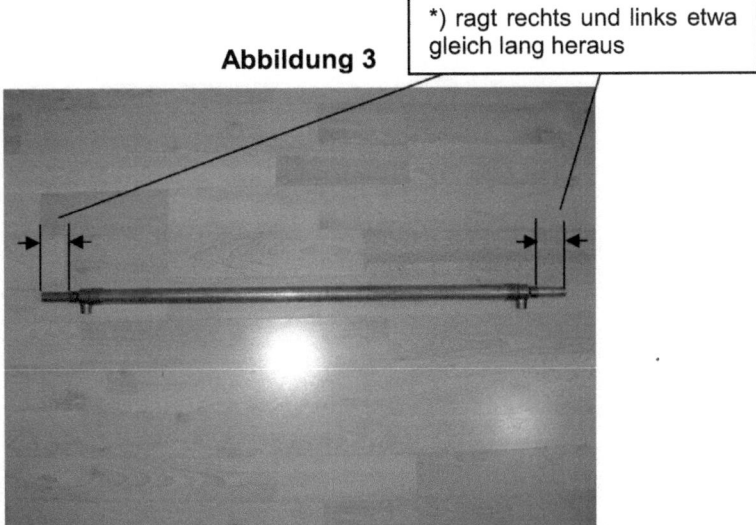

Jetzt auf beiden Seiten den Schlitz zwischen den T-Stücken und des eingesteckten Innenrohres (siehe Abbildung 4) verlöten. Hier besonders darauf achten, dass sich der Zinnring wirklich um den gesamten Rohrschlitz herum verläuft. Sollte das Zinn hierbei "dickflüssig" werden, wurden die Rohre zuvor zu wenig gereinigt und/oder eingefettet. Man kann in diesem Fall versuchen, noch einmal Lötfett und evtl. auch Lötzinn zuzuführen, wenngleich dies nicht immer zum Erfolg führt!

Nun wird je ein Rohrstück **Nr. 3** (= 2 Stück Ø 15 x 40 mm, bilden die Schlauchanschlussstücke) in das übrige offene Ende eines jeden T-Stücks gesteckt und angelötet (siehe Abbildung 4). Nicht vergessen: Rohrstück und T-Stücke an den Verbindungsstellen vorher reinigen und fetten!

Abbildung 4

Schlitz zwischen
T-Stück und Innenrohr

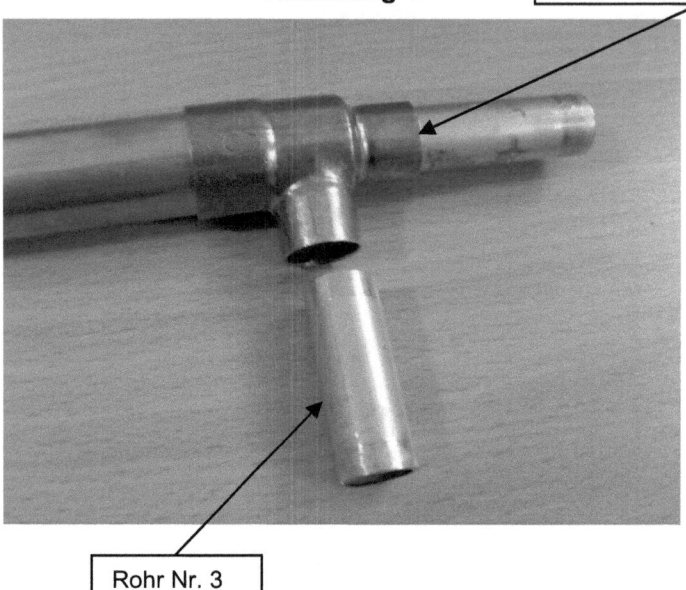

Rohr Nr. 3

Nun wird der Bogen **Nr. 9** (Bogen 90° 1 Muffe 15 mm), der als Ablauf-Endstück fungiert, wie folgt an-gelötet:

Das Werkstück wird so gelegt, dass die Schlauch-anschluss-Stücke an den T-Stücken in Richtung zum Betrachter weisen, der Bogen wird dann (am linken Rohrende) nach **unten oder oben**[3] weisend

---

[3] **Wird der Bogen wie in der Abbildung 5 ersichtlich nach unten weisend angelötet, so steht die fertige Destille nach Verbindung mit dem Kessel** <u>rechts</u> **von diesem weg (zweckmäßig, wenn der Wasseranschluss rechts vom Herd ist), wird der Bogen nach oben weisend angelötet, steht die Destille** <u>links</u> **vom Kessel weg (zweckmäßig, wenn der Wasseranschluss links vom Herd ist).**

angelötet (in der Abbildung 5 z.B. nach unten). Reinigen und Fetten vor dem Löten nicht vergessen!

Bogen weist z.B. nach unten   **Abbildung 5**

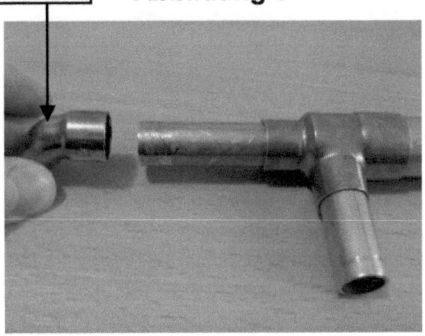

Beim Rohrausgang des zweiten T-Stückes (rechtes Rohrende) wird der Winkel **Nr. 8** (Winkel 90° 1 Muffe 15 mm) wie folgt angelötet:

Die Schlauchanschluss-Stücke an den T-Stücken weisen in Richtung zum Betrachter, der Winkel wird nach **hinten** weisend angelötet (siehe Abbildung 6).

Reinigen und Fetten vor dem Löten nicht vergessen!

Abbildung 6

Winkel weist nach hinten

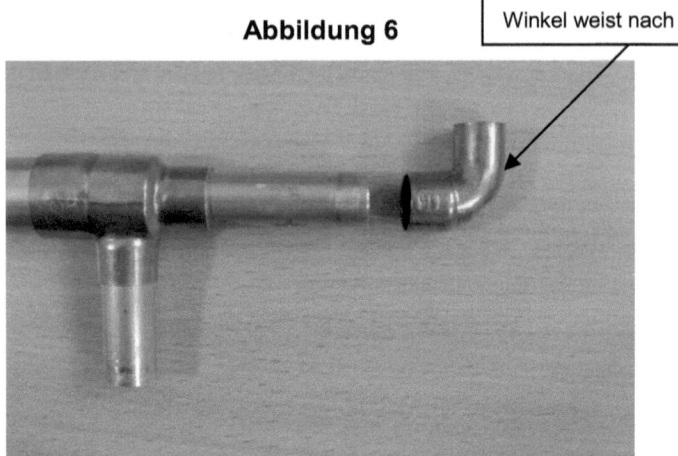

Nun kann mit dem Kesselausgangsrohr begonnen werden. Die Abbildung 7 zeigt, wie dieses aussieht, wenn es fertiggestellt ist.

Abbildung 7

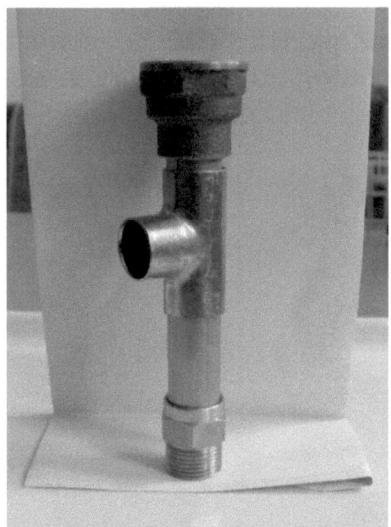

Die Abbildung 8 zeigt die dazugehörige Explosions-
darstellung, die alle zusammenzuführenden Einzelteile erkennen lässt.

Abbildung 8

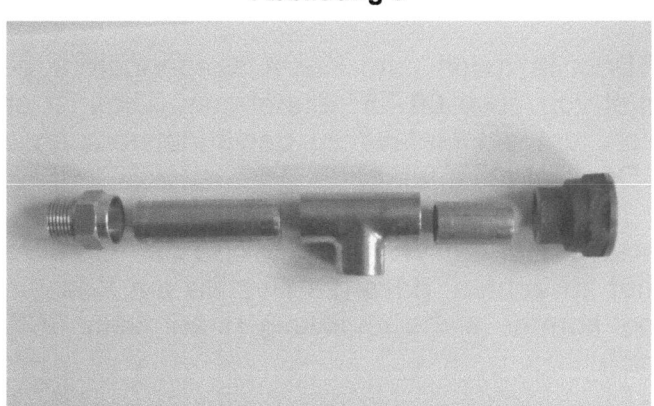

Von links nach rechts sind dies folgende Einzelteile:

1 - Übergangsnippel **Nr. 11** mit 15 x 3/8 Zoll
2 - Kupferrohr **Nr. 4** mit Ø 15 x 50 mm
3 - T-Stück **Nr. 7** mit 15 x 15 x 15 mm
4 - Kupferrohr **Nr. 5** mit Ø 15 x 25 mm
5 - Übergangsmuffe **Nr. 9** mit 15 x 1/2 Zoll

Die Teile werden an den Verbindungsstellen zu-
sammengelötet. Jeweils reinigen und fetten vor dem
Löten nicht vergessen!

Achtung! Das Bimetallthermometer **Nr. 13** wird
jetzt NOCH NICHT in die Übergangsmuffe **Nr. 9**

eingeschraubt, sondern erst nach Beendigung aller Lötarbeiten, wenn die Destille vollständig abgekühlt ist!

Nun müssen noch Kesselausgangsrohr und Destille miteinander verbunden werden.

Die Destille muss zum Kesselausgangsrohr einen Winkel von etwa **60-75°** einnehmen. Dies ist erforderlich, um ein Gefälle zu gewährleisten, an dem das Destillat ablaufen kann.

Achtung! Bei der Wahl der Größe des Gefälles ist darauf zu achten, dass die Destille am Kesselrand vorbei kommt (siehe **Abbildung 11** auf Seite 30 "Abstand").

Die folgende Abbildung 9 zeigt die Zusammenführung der beiden Teile.

Die Destille wird hier für das Foto waagrecht gehalten. In diesem rechten Winkel zueinander dürfen die beiden Teile aber nicht verbunden werden, da wie in den oberen beiden Absätzen bereits angeführt, ein Gefälle entstehen muss.

Abbildung 9

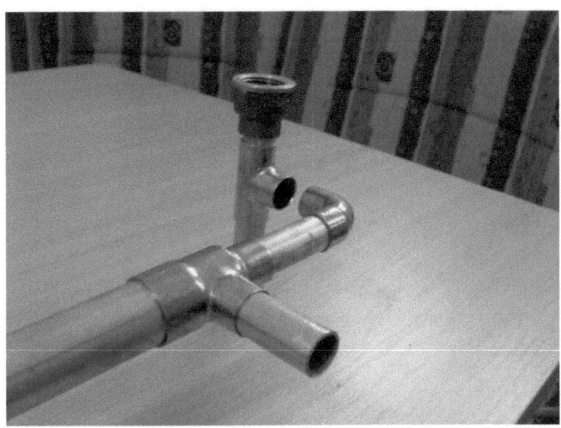

Unten zeigt die Abbildung 10 den richtigen Winkel von Kesselausgangsrohr zu Destille.

Abbildung 10

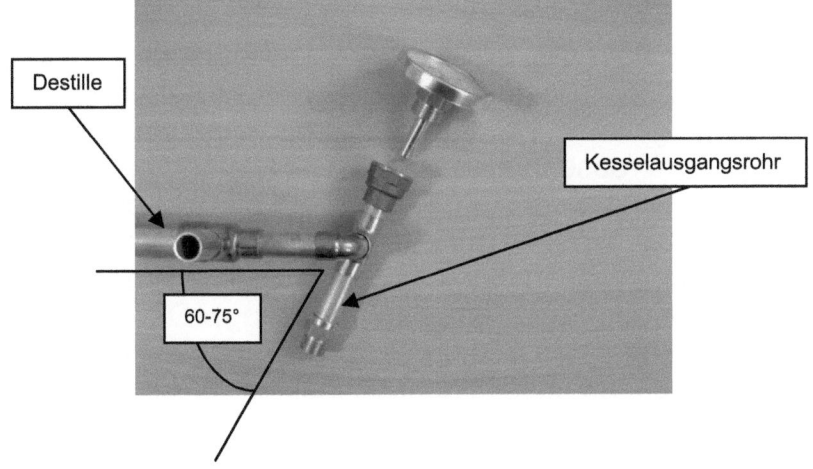

Es sei nochmals erwähnt, dass die Destille so am Kesselrand vorbeikommen muss, dass ein Gefälle von etwa 60 bis 75 Grad gewährleistet ist. In der folgenden bereits auf Seite 28 hingewiesenen Abbildung 11 sieht man, dass die dort gezeigte Destille am Deckelrand vorbeikommt, und dabei trotzdem ein Gefälle von ca. 75 Grad einhält.

Abbildung 11

Ist die Destille vollständig abgekühlt, kann das Bimetallthermometer **Nr. 13** in die Übergangsmuffe **Nr. 9** eingeschraubt werden.

Der Schlauch **Nr. 21** wird in einem Stück in der nötigen Länge (Meterware von der Trommel im Baumarkt) gekauft. Hierbei ist die erforderliche Länge von der Wasserleitung hin zur Destille und jene von der Destille weg zum Abfluss zu berücksichtigen, wobei der Wassereintritt in die Destille ablaufseitig und der Wasseraustritt kesselseitig positioniert ist (Gegenstrom zur Dampfstromrichtung). Die beiden Längen addieren und den gekauften Schlauch dann entsprechend auseinander schneiden.

Ein Ende des Wasserzufuhrschlauches wird auf die Schlauchverbindung **Nr. 23** aufgesteckt, dessen Gewinde auf Ihren Wasseranschluss passen muss. Die in der Stückliste vorgeschlagene Größe passt auf ein Gewinde, wie es für einen Waschmaschinen- oder Geschirrspüler-Anschluss die Regel ist (3/4 Zoll-Gewinde).

Über den Wasserzufuhrschlauch werden sodann 2 Schlauchklemmen gestreift. Mit der ersten Schlauchklemme wird die Schlauchverbindung fixiert. Dann wird das andere Ende des Wasserzufuhrschlauches am Rohrstück vor dem Ablauf der Destille aufgesteckt (die Hand in Abbildung 11 hält die Destille dort, wo der Wasserzufuhrschlauch angesteckt werden muss) und mit der zweiten Schlauchklemme fixiert.

Ein Ende des Wasserabflussschlauches wird schließlich auf das kesselseitig befindliche Rohrstück aufgesteckt und mit der dritten Schlauchklemme fixiert.

Zur Veranschaulichung der Schlauchanbringung sei auf die Abbildung 12 verwiesen, die als Beispiel den am kesselseitigen Rohranschluss-Stück angebrachten Abfluss-Schlauch zeigt (hier ohne Schlauchklemme).

Abbildung 12

Tipp:

Die beiden Schlauchenden, die auf die Rohrstücke der Destille aufzustecken sind, werden jeweils für ca. 20 bis 30 Sekunden etwa 4 cm tief in Wasser gesteckt, das man zuvor (z.B. in einer Tasse im Mikrowellenherd) zum Sieden gebracht hat. Dadurch werden die Schlauchenden weich und man bekommt sie relativ leicht auf die Rohrstücke. Die warmen Schlauchenden mit der ganzen Hand fest umfassen und, immer in eine Richtung drehend, aufziehen. Sobald es gelungen ist, den ersten Millimeter des Schlauches vollkommen um das Rohr zu bekommen, hat man gewonnen. Weiterhin fest umfassen und in eine Richtung drehend aufziehen.

ANSCHLUSS AN EINEN KESSEL

Um das Gerät an einen Kessel anzuschließen, schrauben Sie die Reduktion **Nr. 11b** des "Reduktionssystems" in die Muffe **11a** (siehe auch Foto Teile **Nr. 11a-e**). Legen Sie in die Muffe den Dichtungsring Nr. **11d** und schrauben Sie das Ganze auf den Übergangsnippel **Nr. 12** des Kesselausgangsrohres der Destille. Dann wird auf die Reduktion **Nr. 11b** der Dichtungsring Nr. **11e** aufgesteckt. Die folgende Abbildung 13 veranschaulicht die fertige Zusammenstellung.

Abbildung 13

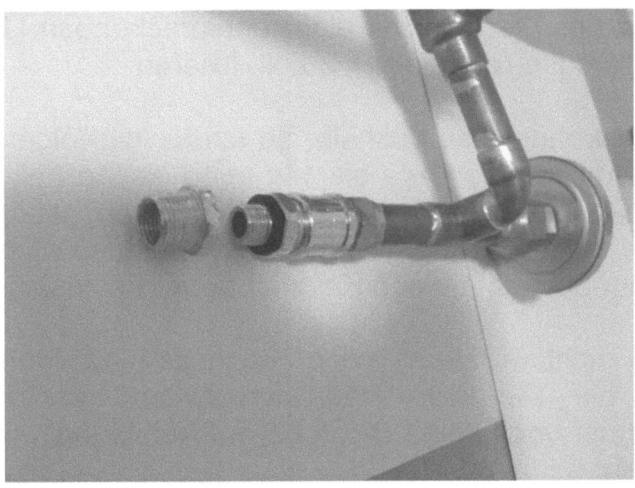

Nun bohren Sie noch ein Loch von 13 mm Durchmesser in die Oberseite eines beliebigen Kessels (oder in einen gut verschließbaren Deckel wie z.B.

bei einem Kelomat) und stecken das 1/4 Zoll-Gewinde der Reduktion **Nr. 11b** in dieses Loch. Im Inneren des Kessels (bzw. Deckels) schrauben Sie die Reduktion (oder Muffe) **Nr. 11c** (siehe ebenfalls Teile Nr. 11a-e) zum Fixieren auf (= Funktion als "Überwurfmutter").

Da das bereits vorhandene Loch bei dem Kelomat, den ich als Beispiel zur Verfügung habe, genau so groß ist, dass ich mit einem größerem Gewinde (bei mir sogar 1/2 Zoll) durchkomme, hat sich für diesen Fall ein "Reduktionssystem" erübrigt.

Ich wählte also einen Übergangsnippel der Größe 1/2 Zoll (statt 3/8 Zoll) für den Ausgang am Kesselausgangsrohr und konnte dann auf der anderen Seite des Deckels mit einer entsprechenden Übergangsmuffe (ebenfalls 1/2 Zoll) fixieren.

Ich erwähne dies deshalb, da ich für die folgenden drei Abbildungen 14a bis 14c eben diesen Fall (ohne "Reduktionssystem") fotodokumentiert habe. Ich habe diese Lösung gewählt, um nicht zusätzlich ein 13mm-Loch in meinen Kelomat bohren zu müssen.

Also nicht wundern, wenn Sie in den Abbildungen 14a bis 14c kein "Reduktionssystem" vorfinden. Auch ist noch keine Dichtung auf Abbildung 14a zu sehen.

Abbildung 14a

Deckeloberseite

Abbildung 14b

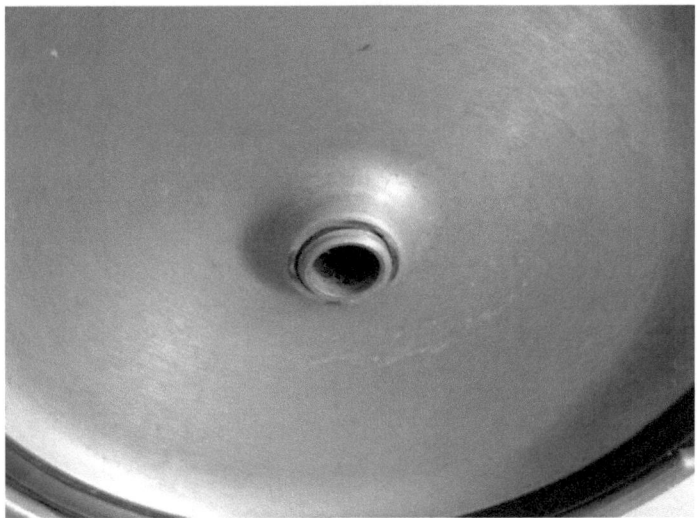

Deckelunterseite

Abbildung 14c

Fixierung mit der Übergangsmuffe

INBETRIEBNAHME

Vor der ersten Destillation bitte das Innenrohr mit heißem Wasser spülen. Die erste Destillation dann mit Wasser durchführen, damit sich Flussmittelrückstände lösen und ausgespült werden. Sollten bei der ersten Schnapsdestillation dann noch Geschmacksverfremdungen feststellbar sein, diesen ersten Schnaps bitte auch verwerfen.

Ist die Destille am Kessel angebracht und dieser mit dem Brenngut gefüllt, so kann mit dem Destillieren begonnen werden.

Als Beispiel führe ich folgenden Vorgang an:

Den Kessel bildet mein Kelomat. Dieser wird z.B. mit 1,5 l vergorenem Fruchtsaft oder einem beliebigen anderen alkoholischen Getränk (Most, Wein, etc.) gefüllt. Die Destille ist am Deckel angebracht, welcher nun auf den Kelomat aufgesetzt und mit diesem gut verbunden wird. Damit die Destille durch ihr Gewicht den Kessel nicht umkippt, muss diese entweder während des Betriebes in der Hand gehalten werden[4] (z.B. beim Wasserzufuhrschlauch, siehe Abbildung 11), oder man baut sich eine entsprechende Auflagevorrichtung für das Rohr.

---

[4] Die Destille ist während des Betriebes ab dem Rohrstück, auf dem der Wasserabflussschlauch steckt bis hinab zum Ablauf der Destille kalt, <u>sofern ausreichend Kühlwasser durch die Destille fließt</u>.

Der Kelomat wird am Herd erhitzt und das Kühl-wasser durch die Destille geleitet. Nach einiger Zeit beginnt sich am Ablauf ein Destillat zu bilden.

TIPPS ZUM BRENNEN

Das Brenngut bei mittlerer Hitze erwärmen. Im Ver-gleich zu rapiderem Erwärmen dauert es zwar et-was länger, bis die Destillation einsetzt, das Destil-lat wird bei moderatem Brennen dafür von Anfang an klar und farblos sein (außer bei trübem Aus-gangsmaterial).

Bei einer Menge von 1,5 Liter Brenngut wird die Menge des Vorlaufs, der als erstes den Ablauf ver-lässt, nach meinen Schätzungen maximal das Vo-lumen eines Fingerhutes betragen. Die beste Prü-fung ist jene mit unserer Nase. Unser Geruchsinn ist für die qualitative Bestimmung von Substanzen, welche riechen, besser geeignet als jede chemische Analyse. Einen Vorlauf erkennt man mit der Nase: Er riecht typisch nach Lösungsmittel - und wird na-türlich **entsorgt**. Möglicherweise riechen Sie auch gar keinen Vorlauf. Sobald das Destillat einwandfrei riecht, wird mit dem Sammeln desselben begonnen. Das Thermometer wird nun eine Zeit lang um die 80 °C anzeigen. Da die Menge des Vorlaufes gering und dieser daher schnell abgenommen ist, ist es wichtig, sofort das Sammelgefäß für den Schnaps bereitzuhalten, um vom Vorlaufglas zum Schnapsauffangbehälter so rasch wie möglich wechseln zu können.

Nun auf die Temperatur des Ofens achten. Wenn nötig, Wärmequelle (Herd, Flamme, etc.) zurücknehmen. Bei moderatem Brennen dauert es für unser Beispiel etwa 20 Minuten, bis das Destillat beginnt, verwässert zu schmecken. Das Thermometer wird dann auf 95 °C bis 100 °C angestiegen sein und der Brennvorgang sollte beendet werden.

Mit einem Alkoholmeter wird (am besten in einem Messzylinder oder einem sonstigen schmalen aber hohen Gefäß) der Alkoholgehalt des gewonnenen Destillates gemessen und dieses, falls erforderlich, mit Wasser verdünnt. Hierzu den Alkoholmeter in das Destillat vorsichtig hineinsetzen und Eintauchtiefe (= Alkoholstärke) ablesen. In der folgenden Abbildung 15 schwimmt der Alkoholometer in normalem Wasser. Er taucht daher nur bis zur Marke 0% und damit kaum in das Wasser ein. Deshalb hat er eine leichte Kipplage und liegt etwas am Glasrand an.

Bedienungsanleitung des Alkoholmeters beachten!

Einen Alkoholmeter erhalten Sie in jedem Fachgeschäft für Winzer oder Brauer. Ohne Werbung machen zu wollen: Das Gartenfachgeschäft Dehner führt sie beispielsweise auch.

Achtung: Alkoholmeter nicht mit einem Vinometer verwechseln, denn dieser funktioniert anders und ist zur Alkoholmessung für Getränke bis max. 25 % Alkoholgehalt gedacht. Sie können einen Vinometer allerdings zum Bestimmen des Alkoholgehaltes Ihres zu vergärenden Ausgangsmaterials (z.B. Wein, klarer Most) verwenden. Die Voraussetzung für die korrekte Funktion eines Vinometers ist jedoch, dass das zu messende vergorene Gut frei von Restzucker, Trübstoffen und Kohlensäure ist.

Nimmt man destilliertes Wasser zum Verdünnen, so beugt man einer eventuellen Nachtrübung des Schnapses vor, die möglicherweise bei der Lagerung entstehen kann, wenn normales Leitungswasser zum Verdünnen verwendet wird. Wegen der Hygiene und Reinheit bitte **nur Wasser verwenden**, das man entweder mit der Destille **selbst destilliert** oder **aus der Apotheke** (sog. „Aqua bidest") besorgt hat.

Abbildung 15

Nach dem Destillieren sollte die Destille <u>gereinigt</u> werden, indem man das Innenrohr mit heißem Wasser gut ausspült.

Formel zur Ermittlung der Verdünnung

Folgende Formel dient zur Ermittlung der zuzuführenden Wassermenge für das Erreichen der gewünschten Endkonzentration an Alkohol:

$$\text{Zuzuführende Wassermenge in ml} = \frac{Sg \, x \, Vg}{Se} - Vg$$

Sg ..... gemessene Alkoholstärke

Vg ..... gemessenes Volumen des erhaltenen Destillates in ml

Se ..... erwünschte Alkoholstärke in %

Beispiel:

Ich habe ein Destillat von 400 ml an 60 %-igem Schnaps erhalten. Wieviel destilliertes Wasser muss ich zufügen, um einen 40 %-igen Schnaps zu erhalten?

$$\frac{60 \, x \, 400}{40} - 400 = 200$$

Ich muss also zu den 400 ml an 60 %-igem Schnaps 200 ml destilliertes Wasser zufügen, um daraus 600 ml an 40 %-igen Schnaps zu erhalten.

BRENNEN VON GEWÜRZSCHNÄPSEN

Sie nehmen 1,5 Liter billigen Wein aus einer Tetra-packung und geben eine kleine Menge eines (am besten frisch) geriebenen Gewürzes (z.B. Fenchel, Kümmel, Anis für "Ouzo", Wacholder für "Gin" etc.) hinzu. Die Menge des Gewürzes richtet sich nach dessen Intensität. Bei Kümmel würde ich z.B. nicht viel mehr als 1 Esslöffel verreiben und zugeben, da Kümmel sehr intensiv ist. Dann brennen Sie den Wein. Der heiße Dampf entzieht dem Gewürz un-mittelbar die Aromastoffe, die sich dann im Destillat sammeln. Manchmal kann sich das ätherische Ge-würzöl (vor allem gegen Ende des Brennvorganges) sogar am Destillat in reiner Form als feine Tröpf-chen absetzen, was dem ganzen aber keineswegs schadet. Im Gegenteil: Reine ätherische Öle sind etwas sehr kostbares!

Ich wünsche Ihnen viel Spaß und Erfolg beim Brennen Ihres eigenen Destillates!